"This Christmas is different."
"Esta Navidad es diferente."

"I will not receive gifts."
"No voy a recibir regalos."

"I have a lot of toys."
"Tengo un montón de juguetes"

"These **kids** do not have many."
"Estos **niños** no tienen muchos."

"I brought **blocks,** games, and **dolls**

"Traje **bloques,** juegos, y **muñecas.**

"My mom brought **cookies** and **milk**."
"Mi madre trajo **galletas** y **leche**."

"... munch... munch... yuuuuumm....

"My dad brought books."
"Mi padre trajo libros."

"My **sister** wanted gifts."
"Mi **hermana** quería regalos."

'But received something **better**...'
"Pero recibió algo **mejor**..."

"A new **friend**."
"Una nueva **amiga**."

Vocabulary/Vocabulario

Christmas (kreh-smes)
la Navidad (NAH-vee-dahd)
gift (guift)
el regalo (ray-GAH-lo)
toys (tois)
los juguetes (hoo-GAY-tays)
blocks (bloks)
los bloques (BLO-kays)
games (gueims)
los juegos (HOO-eh-goes)
doll (dol)
la muñeca (moo-NYAY-cah)
different (di-ferent)
diferente (dee-fay-REN-tay)
to receive (ri-siv)
recibir (reh-SEH-beer)

kids (keids)
los niños (NEE-nyohs)
cookie (ku-ki)
la galleta (gal-LYAY-tah)
milk (milk)
la leche (LAY-chay)
book (buk)
el libro (LEE-bro)
friend (frend)
amigo/amiga (ah-MEE-goh)
better (be-tar)
mejor (may-HOR)

Pronunciation Guide

Here is a pronunciation guide of the Spanish alphabet with some examples. When pronouncing a vocabulary word, remember to put emphasis on the capitalized syllable within the pronunciation bracket.

- ah like in *father*
- b like in *boy*. If between vowels, like *v* in *valor*, but softer
- like *c* in *cat*. If before e or i, like *c* in *central*
- like *ch* in *church*
- like *d* in *day*. If between vowels, like the *th* in *that*
- like *eh* in *bed* and *ay* in *day*
- like *f* in *father*
- like *g* in *go*. If before e or i, like the *h* in *hamper*
- always silent, unless combined with c (to make *ch*)
- like *ee* in *week*
- like *h* in *hello*
- like *k* in *kite*
- like *l* in *love*
- like *y* in *yes*
- like *m* in *mom*
- like *n* in *no*
- oh like in *dog*
- like *p* in *place*
- like *k* in *kite*
- like *r* in *river*
- like *s* in *see*
- like *t* in *tool*
- oo like in *noon*
- like *v* in *vowel*
- like *w* in *water*
- like *x (ks)* in *exam*
- like *y* in *yellow*. If at the end of a word, like *a* in *day*
- like *s* in *see*

Guía de Pronunciación

Aquí tiene una guía de pronunciación del alfabeto Inglés, con algunos ejemplos. Recuerde que las letras mayúsculas indican dónde se acentúa la palabra.

a corta - *a* como en *gato*   **a larga** - *suena "éi"*
b - como en *bola*
c - como en *sonida,* o *qu* como en *quiero*
d - como en *día*
e corta - como en *dedo*   **e larga** - *suena "i"*
f - como en *fuego*
g - *g* como en *gol,* o como la *j* en inglés
h - *como j en jalapeño*
i corta - como en *hilo*   **i larga** - *suena "ai"*
j - como *ll* en *llamo* pero más fuerte, o como una *ch*
k - *como qu en quiero*
l - como en *luz*
m - como en *mamá*
n - como en *nido*
p - como en *perro*
q - como en *querer*
r - como en *río*
s - como en *sol*
t - como en *torre*
u corta - como en *uña*   **u larga** - *suena "iu"*
v - como en *voz*
w - *ju* como en *Juan*
x - *x* como en *extra*
y - *ll* como en *llamar*
z - como en *zorro*

Por favor, tenga en cuenta que esta es una guía aproximada. Hay varias circunstancias en las que las letras se pronuncian de forma diferente.

ENGLISH/SPANISH

CHRISTINE LEARNS THE PURPOSE OF PRACTICE

APRENDE POR QUÉ HAY QUE PRACTICAR

Michael Hodge
Illustrated By: Goran Pesic

Learn Spanish for Kids ★ Aprenda Inglés para Niños

"Practice your **violin**."
"Practica tu **violín**."

"I don't want to."
"No quiero."

"I just want to watch **TV**."
"Solo quiero ver la **tele**."

"Your grandmother is in the hospital."
"Tu abuela está en el hospital."

"She wants to hear the violin."
"Ella quiere escuchar el violín."

"Fine, I will practice."
"Bien, voy a practicar."

She practiced **a lot.**
Ella practicó **mucho.**

"Time to go," her mom shouted
"Es hora de irnos," gritó su madr

"I don't feel so well."
"No me siento muy bien."

"**Could** you **play** the violin?"
"¿**Podrías tocar** el violín?"

"That was so beautiful."
"Eso fue muy hermoso."

"Good thing I practiced."
"Menos mal que practiqué."

Vocabulary/Vocabulario

violin (vaio-lin)
El violín (vee-o-LEEN)
the TV (ti-vi)
la tele (tay-lay)
hospital (jos-pi-tal)
el hospital (os-pee-TAHL)
to practice (prak-tis)
practicar (prac-tee-CAR)
to want (uont)
querer (KEH-rehr)
grandmother (gran-ma-dar)
la abuela (ah-BWE-lah)
to hear/listen (jiar)
escuchar (es-coo-CHAR)
time (taim)
tiempo (tee-EM-po)

to feel (fi-il)
sentirse (NEE-nyohs)
to play (instrument) (plei)
tocar (to-CAR)
beautiful (biu-ti-ful)
hermoso (er-MO-so)
well (uel)
bien (bee-en)
she (chi)
ella (A-yah)